Willem M. Roggeman

De Dag Dat Ikaros
In Onze Tuin Neerstortte

The Day That Icarus
Crashed Into Our Garden

GEDICHTEN

POEMS

Translated and Edited by
Philippe Ernewein

SPUYTEN DUYVIL
NEW YORK CITY

This book was published with the support of
Flanders Literature (flandersliterature.be).

Poëzie is sprekende schilderkunst.
Poetry is painting that speaks.
   Simonides
(Keos 556 BC—Syracuse 468 BC)

Onze woorden zijn kinderen van vele mensen.
Our words are children of many people.
   Yorgos Seferis
(Smyrna 1900—Athene 1971)

Contents

Dear Reader 9

Dear Reader:

I asked the poet, *how do you start writing a poem?*

His reply, *the first line is given, and the rest is work.*

Willem and I reunited in Antwerp, Belgium, in the summer of 2023.

Before meeting near the Cathedral of Our Lady, Mr. Roggeman delivered a few of his recent publications to the Hendrik Conscience Heritage Library, including *What Only Painters See*, our first collection of translated poetry.

The Heritage Library is one of the most important libraries in Flanders, dating back to 1481 when 41 books were donated by the city secretary, Willem Pauwels. Today, the library has more than 22 miles of bookshelves. On the shelves are numerous books by Willem M. Roggeman, starting with the 1958 publication of *Rhapsody in Blue*. His work ranges from poetry to interviews to novels, many of which celebrate the work of his friends and painters, including Jan Cox, Fred Bervoets, Serge Vandercam, and Pol Mara. This collection continues that tradition.

We visited the Zwarte Panter, the oldest gallery in Flanders. Along the walk from Hendrik Conscience Square to the harbor to see the Zwarte Panter, Mr. Roggeman was the tour guide, the historian, and the visionary poet you would hope to have by your side while walking the alleys behind the cathedral. He pointed out along the way where Albrecht Dürer created a home while traveling to other cities in the lowlands in the 1500s, as well as the best cafes and bookstores of the modern day.

Our dialogue over the last few years has been mostly digital, with emails exchanged about phrasing, punctuation, and meaning. For example, in the last line of the poem, "Portrait of Gerrit Achtenberg" (1905 - 1962), the Dutch poet, should the secret that is revealed be described as *noisy* or *thunderous*? Mr. Roggeman replied with *splashing*. Later in the third stanza, the conversation centered on how to best describe her eyes: are they *stunned* or *silenced*? The poet replied, *surprised*.

It is a gift to have this ongoing conversation while building these poems in English.

I invite you to explore this collection of poems, joining the conversation, like a walk through a gallery or an alley behind the cathedral. You will find the gardens of Aranjuez next to Friedrich Hölderlin's blue, chasing all the other colors away. You will visit the work of Paul Van Gysegem, the Belgian sculptor, jazz musician, and painter, and find a homage to Jean Tinguely, the Swiss sculptor and a major inspiration to Mr. Van Gysegem, a few pages later.

Willem M. Roggeman—the painter with words—is our guide, building poems one word and image at a time.

Philippe Ernewein
Denver, Colorado
USA

Zo Spreekt Alleen Een Dichter

Iemand stopt de draaideur naar het verleden.
Zijn vingers wonen in de kleur van februari,

maar behoedzaam want de dagen tintelen.

Door de tuinen van zijn verbeelding
trekt de trage processie van zijn woorden.

Plots stuiven de letters verschrikt uit elkaar.

Het oor van de amfoor is een metafoor
voor het schaduwenspel van Tintoretto.

In het water wordt de kruik weerbarstig.

Hij verandert alles en lacht woedend
om het raadsel van zijn sterrenbeeld.

De bomen wandelen rustig het bos uit.

ONLY A POET SPEAKS THAT WAY

Someone stops the revolving door to the past.
His fingers dwell in the color of February,

but cautiously, because the days sparkle.

Through the gardens of his imagination
his words move in a slow procession.

Suddenly, the letters scatter in fright.

The handle of the amphora is a metaphor
for Tintoretto's shadow play.

In the water, the jar becomes unruly.

He changes everything and laughs furiously
at the riddle of his zodiac sign.

The trees quietly walk out of the forest.

Een Andere Poëtica

Deze versregel ligt eigenlijk voor de hand
die hem opschrijft maar ook woelt in de taal
waarin de werkelijkheid weerspiegeld wordt.

Toch vervaagt het landschap tot een stippellijn.
Het morgenlicht knibbelt langdurig aan de dag.
En het uurwerk slurpt tikkend al zijn cijfers op.

De veranderde tijd brengt de wijzers van de wijs.
Deze onleesbare regel rilt, bevat een dode letter.
Een achtergelaten schaduw proeft van een woord.

Poëzie is een onverwachte terminologie.

Other Poetics

This line of verse is within easy reach
of the hand that writes it down
but in the meantime is tossing
in the language that reflects reality.

Yet the landscape fades into a dotted line.
The morning light nibbles at the day for a long time.
And the ticking timepiece devours all its numbers.

The hands are thrown off by the changed time.
This illegible line trembles, containing a dead letter.
A left-behind shadow tastes a word.

Poetry is an unexpected terminology.

Iemand werpt een eiland in de zee. Va-
navond lacht hij luid in zijn wolk.
Reservoir van ongebruikelijke woorden die heel
voorzichtig infiltreren in de lyriek.
Alleen het onherkenbare is nog belangrijk, toch
wekt het nergens verwondering meer.
De eeuwigheid brokkelt af, jaar na jaar. Zelfs
gisteren is al zijn schutkleur kwijt.
Bijna overal blijft hij afwezig en vreemd. Hij
ziet hoe de stilte de leegte verzwijgt.
Alles komt altijd samen in dit gebaar, het
ijdel streven naar onvolmaaktheid.

Nothing Ever Speaks For Itself

Someone throws an island in the sea. In
his cloud, he laughs loudly tonight.
A reservoir of unusual words that carefully
infiltrate their way into the lyrics.
Only the unrecognizable is important, yet
it no longer evokes any wonder.
Year after year, eternity crumbles away. Even
yesterday has already lost its camouflage.
Almost everywhere remains absent and strange. The
emptiness is concealed by silence.
Everything always comes together with this gesture, the
vain striving for imperfection.

Verstilde nachtmuziek

Kijk, de maan komt langzaam dichterbij en fluis-
tert de nacht zacht iets in het oor waarvan geen
woord het daglicht mag zien.
Het landschap vormt een spiegelbeeld van de
hemel die sterk op de aarde lijkt.
Een donkerharige dochter vertelt onhoorbaar het wi-
jze verhaal van een wentelende wereld en het zachte
geruis van een waterval van licht.
De wolken worden vermoeid en vertragen zoals
herinneringen vertragen door de tijd.
Alleen het naamloze wordt nog opgeroepen en ver-
zint dansende standbeelden in een tuin.
De spiegels van de verbeelding weerkaatsen de leegte
van het dorpsplein waar het ogenblik opflakkert nu
de wind reciteert uit het alfabet.

Silent Night Music

Look, the moon is gently coming closer and whispering some-
thing quietly into the night's ear, words that should not see
the light of day.
The landscape forms a mirror image of the heavens
that strongly resembles the earth.
A dark-haired daughter audibly tells the wise tale about a re-
volving world and the soft noise of a waterfall of light.
The clouds grow tired and slow down, much
like memories over time.
Only the nameless is evoked and imagines statues danc-
ing in the garden.
The mirrors of imagination reflect the emptiness of the
village square where wind arrives and recites
from the alphabet.

WAAROM DESCARTES TWIJFELDE

Goden en mensen konden het nooit eens worden over
hoe lang de eeuwigheid uiteindelijk duurt.
Alles hing immers altijd af van het beginpunt. Bov-
endien verweten zij elkaar niet te bestaan.
De mens haalt nog steeds zijn ideeën uit de wolken. Zijn
dromen doen hen watertanden. Dan regent het.
De bomen zingen een serenade voor het kreupelhout, roepen
naar het blauw achtergelaten in een lege hemel.
De vaandels van het hiernamaals hangen doodstil voor het
stadhuis waar men uitlegt wat de tijd is
in afwachting dat de toekomst alles actueel maakt.

Why Descartes Doubted

Gods and men could never agree on how long
eternity ultimately lasts.
Everything depended on a starting point, after all. And
they accused each other of not existing.
Man still receives his ideas from clouds. His dreams
make their mouths water. Then it rains.
The trees serenade the undergrowth, calling
out to the blue left in an empty sky.
The banners of the afterlife hang motionless
in front of the town hall, where people explain what time is
waiting for the future to actualize the present.

Fragmenten Van Paul Van Gysegem

Een scherf werkelijkheid steekt
daar, precies op die vage grens
die hij tekent tussen dier en mens.

Een stukje Manzu smolt in zijn jeugd
die bedolven raakte onder de jaren.

Gilgamesj werd op de wereld geworpen
door een gepolijste holte in Henry Moore.
De mythe werd tot een beeld gestolde tijd.

De mens verschrompelt stilzwijgend
en kijkt naar het smeulen van zijn dromen
waarin de abstracte kennis figuratief wordt.

Hij telt zijn laatste uren en zijn kwetsuren.
Gesoldeerde littekens, als zilveren tranen,
die door de tijd zwart worden geverfd.

De harde taal van het ijzer
gaat over in het zachte hout,
weerklinkt soms nog jaren later
tot in het tere vlees van de mutant.

Archaïsch klinkt zijn gekrenkte stem
en vergeeld als verouderd kraakbeen.
De wind speelt met de angst in zijn handen
terwijl overal de wapens van de opstand kletteren.

FRAGMENTS OF PAUL VAN GYSEGEM

A shard of reality is lodged
precisely on the blurry border
between the animal and man
he is drawing.

A remnant of Manzu, melted in his youth,
buried for years.

Gilgamesh was thrown into the world
through a polished Henry Moore mold.
The myth cast into an image of time.

Silently, man shrivels
and examines the smoldering remains of his dreams
where abstract knowledge gains figurative form.

He counts his recent hours and injuries.
Soldered scars, like silver tears,
dyed black by time.

The hard language of iron
caresses the soft wood,
sometimes reverberating years later
in the mutant's tender flesh.

His aggrieved voice sounds archaic
and damaged like old cartilage.
The wind taunts the fear in his hands
while weapons of rebellion clatter everywhere.

Kijk hij, de gehelmde en gevederde, hij draagt
een geweer met wel twaalf dreigende lopen.
Hij, de bange verdelger van goed en kwaad.

Deze antropomorf met aangetaste torso,
hoe kwetsbaarder, hoe gevaarlijker, want
alles eindigt mettertijd in zijn tegendeel.

Ikaros is al neergestort, zijn benen omhoog.
Prometheus treurt bij het uitgedoofde vuur.

Maar dan is er het geklater van water op steen,
daar, op het Gentse Marie Hendrikaplein,
het Sint-Pietersstation kijkt er zijn ogen op uit.

Behold, the man with a helmet and feathers,
who carries a rifle with twelve menacing barrels.
He, the frightened defender of good and evil.

The anthropomorphized torso
more vulnerable, more dangerous.
In contrast to time, everything ends.

Icarus already crashed, his legs up.
Next to the extinguished fire, Prometheus mourns.

But there is water clattering on stone,
on Ghent's Marie Hendrikaplein,
with Sint-Pietersstation keeping watch.

Een Exegeet Onthult

Want de poëzie ontstaat uitgerekend hier
op de uitgewiste grens van het herkenbare.
Zij beweegt in een nacht nog voorwereldlijk
en steeds voorafgaand aan elk denkvermogen.

De lezer een curieuze bezienswaardigheid
door eigen ogen in verlegenheid gebracht.
Hij ontsnapt liegend aan elk mensenwerk,
zwijgt in de hem ontglippende definitie.

Schuldig kijkend kauwt hij op een versregel
maar dank zij dit streng asymmetrisch lezen
ziet men het drentelen van de lettertekens
over al de vele wegen van de verbeelding.

Ook heeft hij al de woorden in dit gedicht
wit geverfd, hun oudste betekenis hersteld,
bevrijd van de vele tartende misverstanden,
ze ten slotte onder rododendrons verborgen.

An Exegete Revealed

Because poetry starts right here
on the vanishing limit of what's understandable
it moves during an antediluvian night
preceding any hint of thought.

Embarrassed by what he sees,
the reader is a curious sight.
He deceitfully disregards all artifacts
and is silent about the slippery definitions.

Looking like the accused,
he chews on a verse, strictly asymmetrically.
The words saunter down
the many roads of imagination.

To restore their ancient meanings,
he painted all the words of this poem white,
setting them free, and finally buried them
under the rhododendrons.

Een Jogger Op Het Strand

Nu hij het geheugen van de zee
toevallig in het zand heeft gevonden
hoort hij de golven vergeten herinneringen
vertellen met een stem even onherkenbaar
als de steeds wisselende vormen in de wolken.

Hij overweegt een nieuwe interpretatie
van het onuitspreekbare dat beladen is
met de beeldspraak van de vogels, ruw
getekend in een blauwe leegstaande lucht.

Soms neemt hij de vorm van water aan
en hoort hij hoe de stilte mooi kan zwijgen.
Maar dan slaat de twijfel ook bij hem toe
en hoort hij alleen het hijgen van de tijd.

A Jogger on the Beach

He has the memory of the sea, now,
accidentally found in the sand.
He hears the waves of forgotten memories
spoken in a voice as unrecognizable
as the ever-changing clouds.

He is considering a new interpretation
of the unspeakable, loaded with
the imagery of roughly drawn birds
in a vacant blue sky.

Sometimes he takes the form of water
and hears how silence can be beautiful.
But then doubt sets in,
and he only hears the panting of time.

TAALGEBRUIK

De dagen zijn genadeloos, zegt hij.
Het leven is maakwerk, herhaalt zij.
Daarna doorzoeken zij het verlangen.
Hun verbeelding kraakt luid en roept.

Het onderwerp blijft onderworpen
aan lid-, werkwoorden en adjectieven
en wacht op een mooie gelegenheid.

Elk mysterie lost op in blije retoriek.
Daarom geeft hij de taal een duwtje
zodat zij belandt op een gemeenplaats.

De werkelijkheid dooft langzaam uit.
Zijn stem zinkt dieper weg in het water
van gesmolten woorden die nog rijmen.

Met een grassprietje in de mond
leest hij op een bank in het park
de gedichten van Walt Whitman.

The Use of Language

He says the days are merciless.
Life is work, she repeats.
Then desire is examined.
Their imagination echoes and creaks loudly.

The subject is subjected
to clauses, verbs, and adjectives,
expecting a brand new opportunity.

Every mystery evaporates into happy rhetoric.
That's why he shoves the language
so she falls on a cliché.

Reality fades away slowly.
His voice sinks deeper in the water,
from the muffled words come rhyme.

With a blade of grass in his mouth
he sits on a park bench and reads
the poems of Walt Whitman.

De Betekenis Van De Woorden

Wat geschreven staat, bestaat niet echt.
Eerst raakten de mensen verstrikt in de stilte,
dan werden ze losgelaten in een tuin vol namen.

De woorden vluchten krijsend uit de taal,
uit hun kooi van spelling en spraakkunst
en vlijen zich neer in het meesmuilend gras
van een plantsoen dat zacht het alfabet zingt.

Klapwiekend sterft daar de voorlaatste vlinder.

Een brief zoekt overal naar zijn bestemmeling.

Zo klinkt de dichter voortaan vanzelfsprekend,
reddeloos maar langzamerhand gerustgesteld
door het ruisend nadenken van een boom
door het zilveren fluisteren van de wind
door het vochtige lispelen van de regen en
toch steeds zonder adem, zonder betekenis.

Dan keren de woorden weer naar hun taal,
dit betekent elk woord naar zijn eigen taal.

Wat altijd blijft is deze verdorde waarheid.

THE MEANING OF THE WORDS

Writing does not really exist.
People were entangled in the silence at first,
then they were released into a garden full of names.

Out of their cage of spelling and grammar,
words flee from language, screaming
and lie down in the smirking grass
of a public garden that softly sings the alphabet.

The penultimate butterfly dies there with its wings flapping.

A letter searches everywhere for its recipient.

From now on, this is how the poet will naturally sound,
helpless, but gradually reassured
by the rustling reflection of a tree
through the silver whisper of the wind
by the lisp of the rain and yet
always without breath, without meaning.

Then the words return to their tongue,
every word according to its own language.

What remains is withered truth.

Najaar Aan De Noordzee

Iemand kijkt naar al dat water
dat nooit stilstaat en dom joelt.
De wind is zijn medeplichtige.

Meeuwen krijsen een raar verhaal.
Een ander kijkt door een verrekijker
en draait dan zacht de zee dichterbij.

Ergens is een raam blijven openstaan.
Voetstappen knarsen door het grint.
Wolkjes vormen een kudde schapen.

In de keuken stopt een vrouw
twee sneetjes in de broodrooster.
Hij herkent de golfslag in haar ogen.

Zijn gedachten klimmen een ladder op.
Een schilderij wijzigt de werkelijkheid,
fleurt het stilleven op met fellere kleuren.

De wind snijdt de ademhaling van de zee.
Een parkeerplein staat verlaten in de regen.
Vallende bladeren schreeuwen hun angst uit.

Autumn on the North Sea

Someone looks at all this water,
ceaselessly moving and foolishly chattering.
The wind is its accomplice.

Seagulls squawk a strange story.
Another looks through binoculars
and gently rolls the sea closer.

Somewhere a window remains open.
Footsteps crunch through the gravel.
Clouds form a flock of sheep.

A woman stops in the kitchen,
two slices in the toaster.
He recognizes the surge in her eyes.

His thoughts climb a ladder.
A painting changes reality, and
brightens up the still life with vivid colors.

The wind cuts through the breath of the sea.
A parking lot stands deserted in the rain.
Falling leaves let out a scream.

Zeg Nu Zelf

Als we nu eens

De dag en de nacht konden omruilen.
Bijna niemand zou het verschil merken.

De dagdromers zouden nachtmerries krijgen.
Maanlicht werd even verblindend als de zon.

De tijd zou uiteindelijk krankzinnig worden en
duizelen bij de klank van het woord eindeloos.

De huizen zouden zich ontdoen van hun bewoners
zoals het geheugen zich losmaakt van elke kennis.

Iedereen herhaalt voortdurend dezelfde woorden
en wie slaapt ziet altijd terugkerende beelden.

De bomen vertellen over een droomloze nacht
waarin het kunstlicht alles onzichtbaar maakt.

Iemand geeft elke dag zijn specifieke naam
terwijl hij pijn omklemt met beide handen.

Het noemen van sommige uren lijkt misplaatst
zo lang het ochtendgloren aangekondigd blijft.

Het geluk is een kort doodstil verhaal
dat men het mooist achterwaarts vertelt.

LET'S BE HONEST

What if we

Could exchange day and night.
Hardly anyone would notice the difference.

The daydreamers would have nightmares.
Moonlight as blinding as the sun.

The concept of time would eventually become mad and dizzying
at the sound of the word endless.

The houses would be without their residents
as memory detaches from all knowledge.

Everyone keeps repeating the same words
and those who sleep see only recurring images.

The trees tell of a dreamless night
where artificial light makes everything invisible.

Someone specifically names each day
while both hands are clasping with pain.

As long as the dawn is announced,
mentioning other hours seems out of place.

Happiness is a short and silent story
best told backward.

Zoals Ijsbloemen In Een Wintertuin

Hij proeft het ijle blauw in het woord hemel
en vliegt dan traag zwijgend naar een wintertuin
waar hij al de ijsbloemen van de ramen plukt.

Uit zijn ogen valt elk panorama te pletter.
De maan toont hem de gaten in haar gezicht.
Verbaasd rijdt hij op de tong iedereen voorbij.

Hij brandt zijn rechterhand aan een ledlamp,
woedend zoekt hij vergeefs naar haar licht.
De avond is zwaarmoedig na zijn handdruk.

Deze zomer ziet het gras groen van afgunst.
De blinde zoeker voelt zijn vondst grijnzen:
het leedvermaak van een versteende geest.

Hij omzeilt het meer van de overlevering.
Het water drinkt zijn virtuoze verklaringen.
De moed zingt heel diep in zijn schoenen.

Like Frost Flowers in a Winter Garden

He tastes the tenuous blue in the word heaven
and then flies slowly, silently to a winter garden
where he picks frosted flowers from the windows.

Every panorama falls apart in front of his eyes.
The moon shows him the holes in its face.
Surprised, he passes everyone on his tongue.

He burns his right hand on an LED lamp,
furious, he searches for her light in vain.
The evening is gloomy after his handshake.

The grass is green with envy this summer.
The blind seeker feels his discovery and grins:
the gloating of a petrified mind.

He sails around the lake of lore.
The water consumes his virtuoso statements.
His heart sings into his boots.

Vrijblijvend En Onvoorspelbaar

For poetry makes nothing happen
W.H. Auden

Wat is een ervaring zonder herinnering?
Het enige verweer tegen de kille wereld
is een visioen van vreemd licht en fictie.

De inhoud is niet voorspelbaar,
de beelden zijn niet voorstelbaar,
de gedachten zijn niet uitwisbaar.

Deze vlek heeft veel zeggingskracht.
De slapende geliefde is een allegorie
voor de drijfveer van het vertrouwen.

Elke avond stort de verwaandheid in.
Al te veel duisternis werd uitgelicht.
Dit is het einde van de werkelijkheid.

De winter wordt weer onverstaanbaar.
Bevroren sneeuw kraakt in zijn stem.
Wie nu spreekt, weerspiegelt de woorden.

Open-Ended and Unpredictable

For poetry makes nothing happen
                W.H. Auden

What is an experience without memory?
The only protection from the cold world
is a vision of strange light and fiction.

The content not predictable,
the images unimaginable,
the thoughts not erasable.

This place has tremendous meaning.
The sleeping lover is an allegory
for unguarded trust.

Every evening, the conceit collapses.
Too much darkness was highlighted.
This is the end of reality.

Winter becomes unintelligible again.
His voice crackles with frozen snow.
Whoever speaks now reflects the words.

Nieuw Realisme

Zit daar toch wel iemand ingemetseld
zeker, in de alledaagse werkelijkheid.
En hierdoor verandert meteen alles
in een raar onoplosbaar raadsel.

Want stilaan wordt hij doorzichtig.
Ofwel verbergt hij zich in de slaap.

Zijn verhaal ligt in het landschap
achteraan in de tuin die schuilt
voor de rimpelingen in het licht.

Het water herhaalt steeds het vuur.
De aarde vergeet de lucht. Dit is
alleen mogelijk in deze werkelijkheid.

New Realism

Someone must be walled up there,
certainly in everyday reality.
And this immediately changes everything
in a strange, unsolvable riddle.

Because gradually he is becoming transparent.
Or perhaps he tries to hide in his sleep.

Sheltered deep in the garden,
hidden from the ripples of light,
his story is woven into the landscape.

The water mirrors the fire.
The earth reflects the sky. This is
only possible in this reality.

BEELDVORMING

Nooit is de spiegel helemaal leeg.
Want wie zich heel snel omdraait
merkt dat er wel altijd iemand is
die daar naar hem staat te kijken.

Hij houdt hem voortdurend in het oog
en leeft daar van weerkaatsingen.
Iemand heeft er een klinker verloren

die telkens zacht tikt tegen het glas
zodat het niet breekt maar alleen deze
zachte kreunende geluiden voortbrengt
die elke weerkaatsing ondersteunen.

Imaging

The mirror is never completely empty.
Even when you turn quickly around
someone is there
staring back at you.

He keeps an eye on you constantly
and lives in the reflection.
Someone has lost a vowel

that taps softly against the glass
so it does not break but creates
soft moaning sounds
that accompany every reflection.

Een Fata Morgana In Vlaanderen

De vogels vielen plots dood neer.

De vissen verdorden in het water.

De bomen trokken hun wortels uit de aarde.

Hun bladeren stortten loodzwaar neer.

Jan van Ruusbroec glimlachte.

Op het strand hield de branding op.

De bergen zakten in elkaar.

De bloemen hielden hun geur in.

Woorden vielen uiteen in lettergrepen.

Pieter Bruegel glimlachte.

De aarde hield op met draaien.

De eeuwigheid begon.

Hadewych glimlachte.

De mieren bleven staan in lange rijen.

De pauwen trokken hun veren uit.

Het gras begon een blauwe droom.

Jeroen Bosch glimlachte.

De steden versteenden.

De rozen begonnen te bloeden.

De stilte brak los.

De eindeloze slapeloosheid begon.

En ik, ik keek naar jou.

De zon scheen in mijn gezicht.

Ik knipperde met de ogen.

A Mirage in Flanders

The birds suddenly dropped dead.
The fish withered in the water.
The trees pulled their roots out of the earth.
Their leaves fell heavily.
Jan van Ruusbroec smiled.
On the beach, the surf stopped.
The mountains collapsed.
The flowers held their scent.
Words broke down into syllables.
Pieter Bruegel smiled.
The Earth stopped turning.
Eternity began.
Hadewych smiled.
The ants stood still in long lines.
The peacocks plucked out their feathers.
The grass began a blue dream.
Hieronymus Bosch smiled.
The cities petrified.
The roses started to bleed.
The silence broke loose.
The endless insomnia started.
And I, I looked at you.
The sun was shining in my face.
I blinked.

Weekend In Brugge

Door het raam van de hotelkamer
zie je de rei en een eenzame zwaan
die aarzelt welke richting uit te gaan.

De stad is vol met oude stenen
en jonge mensen die hard lachen.
Je krijgt zin om te dromen.

Je zit dicht bij het raam
en zwoegt op dit manuscript
alsof je Gruuthuse was.

Het verleden zit hier ingemetseld
maar Brugse kant komt nu uit Azië.

Je denkt aan God en vergeeft hem
dat hjij de tijd heeft uitgevonden.

Vandaag heb je voldoende kracht
om andermans verdriet aan te kunnen.

Er wordt op de deur geklopt.
Je doet niet open. Je weet wie het is.
De zwarte dame Melancholie.

Weekend in Bruges

Through the hotel room window
you see a lonely swan in the canal
unsure of which direction to go.

The city is full of old stones
and young people laughing loudly.
You feel like dreaming.

You sit close to the window
and work on this manuscript
as if you were Gruuthuse.

The past is cemented here
but Bruges' lace now comes from Asia.

You think of God and forgive him
for having invented time.

Today, you have enough strength
to cope with other people's sadness.

There's a knock on the door.
You don't open it. You know who it is.
The darkness of Lady Melancholy.

Altijd Weer Verdwijnt De Sneeuw

Tien eeuwen geleden (men schreef toen
nog "cierlyck en hic anda thu") was alles
zeer eenvoudig maar harder want dichter
bij al wat wij als de natuur beschouwen.

Nu gebeurt het steeds vaker. Momenten
vallen zo maar uit de tijd en uit de toon
die aan hoogte verliest. De nacht schrijft
onverminderd zijn donker verhaal verder.

Iemand bedenkt een bloedvlek op de maan.
Een vermoeden licht op in zijn bange ogen.
De klopjacht op de wolken is reeds ingezet.
Het najaar treurt om al die doden bladeren.

En de zee is gisteren weer eens verdronken.

The Snow Always Disappears

Ten centuries ago (then it was still written
"gracefully and here and thou")
everything was simpler but harder because
of what we considered nature to be.

Now it's happening more frequently. Moments
are out of date and tune
and lose their gravitas. The night
unabatedly continues to write his dark story.

Someone invents a bloodstain on the moon.
His frightened eyes are lit up by a suspicion.
The manhunt for the clouds has already started.
Autumn mourns all the dead leaves.

And yesterday the ocean drowned again.

ZONDER PERSONAGES

De ochtend proeft aan de dag.
Het raam verwijt het uitzicht.
De zomer slikt een briesje in.
De bloemen breken hun woord.

De zon loopt verblind door de straat.
Kerken zingen het einde van hun Latijn.
Het onweer mompelt verwensingen.
Het straatlicht houdt het voor gezien.

Een dagdroom dwarrelt door de nacht.
Dan valt het ogenblik doodmoe uiteen
tot wat fijn gedroogd poeder van tijd.
Zo wordt zelfs een uur onbewoonbaar.

Plotseling gaan al de vogels aan de haal.
De bomen kijken hen met lege ogen na.
Het huisdier begrijpt de sneeuwvlokken.
De slaapkamer is een parodie op de nacht.

Alles gebeurt, maar nooit precies op tijd.

Without Characters

The morning tastes the day.
The window blames the view.
Summer swallows a breeze.
The flowers break their word.

The sun runs down the street, blinded.
Churches are at the ends of their ropes.
The storm mutters curses.
The street light stops working.

A daydream swirls through the night.
Then the moment falls apart, exhausted,
like a fine dried grain from time.
This makes even an hour uninhabitable.

Suddenly, all the birds fly away.
The trees gaze at them with empty eyes.
The pet understands the snowflakes.
The bedroom is a parody of the night.

Everything happens, but never at the right time.

HOMMAGE AAN TINGUELY

1. Machine Om De Verloren Tijd Op Te Sporen

Het begint als een standbeeld dat zich omdraait
en vragend kijkt welke afstand het
in al die jaren heeft afgelegd.
Als het zuchten van een bed
dat jarenlang de liefde heeft gekend
en nu alleen blijft. Als een dolle
metronoom die steeds sneller tikt.
Als het morsen van woorden op een hoofdkussen.
Als de blik van oude mannen op geschilderde
portretten uit vroeger eeuwen
in een donkere gang waqar
nooit meer iemand komt.
Zij kennen het geheim.
Hoe ouder men wordt, hoe
trager men leeft. Of is er
iets mis met de tijd?
Zij kijkt mij aan alsof
ik er nog was.
De tijd ontsnapt
haar. Kijk maar,
ik ben er al
niet meer,
ik ben er
niet
eens
meer.

Homage to Tinguely

1. A Machine in Search of Lost time

It starts with a statue turning
and asks what the distance is
that it has traveled all these years.
Like the sighing of a bed
that has known love for years
and now is alone. Like a crazy
metronome ticking faster and faster.
Like the spilling of words on a pillow.
Like the look in the eyes of old men
on portraits painted centuries ago
hanging in a dark, dignified hallway
that no one ever visits again.
They know the secret.
The older one gets, the slower
one lives. Or is there
something wrong with time?
She looked at me as if
I was still there.
Time escapes
her. Look,
I'm already not
there anymore.
I am
not
here
anymore.

2. Machine Die Werkt Op Verbeeldingskracht

Wie droomt bij deze vreemde machine
zal haar ongewild in werking stellen
en merken hoe zij de wereld dicht
met snippers van verbeelding.
Haar schroef draait veel sneller
dan een flitsende gedachte.
Zij slorpt alle geluiden gretig op
en produceert er stilte mee.
Mechanisch worden oceanen
verkaveld. Geluidloos brengt zij
geprefabriceerde luchtkastelen voort.
Alles wat hier ontstaat,
is er voor het eerst.
Zij is ook een uitstekende
begeleider van de stervenden.
Voor wie dit niet gelooft,
hier volgt de beschrijving
van het hiernamaals, uiterst
nauwkeurig opgetekend
als de inventaris van
het luchtledige.

2. A Machine Powered by Imagination

Whoever dreams of this strange machine
will trigger it unintentionally
and notice how it stitches the world together
with shreds of imagination.
Its screw turns much faster
than a fleeting thought.
It eagerly absorbs all the sounds
and produces silence.
Mechanically, oceans are
divided. Creating prefabricated
castles in the air, silently.
Everything that exists here
is here for the first time.
It is also an excellent
guide for those passing away.
For those who do not believe this,
what follows is the description
of the afterlife, meticulously
recorded as the inventory of
of void.

3. Machine Om Het Verdriet Te Pompen

Een vrolijke mobile is dit,
ratelend en stampend,
snerpend en schokkend,
taal zuigend uit de cilinder
van het onderbewustzijn.

Maar een waterdicht verdriet heeft
veel voeten in de aarde van de mens.

Stilstaand tussen wandelend schroot
pompt deze machine lustig door,
ronkend en knarsend,
hijgend en stampend,
het verdriet uit de mens.

De wolken zijn hier totaal
uit de lucht gegrepen, zegt iemand.
Wat niet te noemen is, wordt zichtbaar.

3. A Machine That Pumps Sorrow

This cheerful mobile,
rattling and stomping,
shrill and jolting,
sucking language from
the cylinder of the subconscious.

But a waterproof sadness
has its roots in humanity's soil.

Standing still amid moving scrap metal
this machine pumps contently
roaring and grinding,
panting and thudding,
extracting sorrow from humanity.

Someone says the clouds have been
taken out of the sky.
What cannot be named becomes visible.

4. Machine Om Dromen Zichtbaar Te Maken

Je staat te wachten aan een bushalte
maar een lijkwagen blijft voor je stilstaan.
Een sneeuwwitte hand wenkt je
uitnodigend om in te sappen.
Maar je loodzware benen verroeren niet.
Je trillende oogleden verraden het verhaal
dat zich achter je voorhoofd afspeelt.
Aan je slapen kleven elektroden.
De overheid waakt dag en nacht
over onze geestelijke gezondheid
en heeft deze machine verplicht gemaakt.
Zo wordt gecontroleerd hoe je
uit slierten nevel
onvertaalbare vormen opbouwt.
Schimmen groeien als schimmel
op het scherm. Iemand praat
maar blijft steeds buiten beeld.
Een vrouwengelaat, je moeder toen ze 30 was,
wordt het meisje dat je gisteren zag
op een reclame voor tandpasta.
Het blijft een wonder
dat de kristalglazen niet stukspringen
Wanneer zij zo klaterend lacht.
Je hoort weer het dialect
uit je kindertijd. Mensen
verschijnen tegen de achtergrond
van een dorp. Bomen staan
onverklaarbaar in bloei. Hun takken
laten de eerste dauwdruppels
van de morgen los.

4. A Machine That Makes Dreams Visible

You are standing at a bus stop,
but a hearse comes to a stop in front of you.
A snow-white hand beckons you,
an invitation to step inside.
But your leaden legs do not budge.
Your trembling eyelids reveal the story
unfolding in your mind.
Electrodes cling to your temples.
The government monitors
our mental health day and night
and has made this machine mandatory.
This is how you are observed
constructing untranslatable forms
from strands of mist.
Shadows grow like mold
on the screen. Someone is talking
but remains out of view.
A woman's face, your mother when she was 30,
becomes the girl you saw yesterday
in the toothpaste advertisement.
It remains a miracle
that the crystal glasses do not shatter
when she laughs like that.
You hear the dialect again
from your childhood. People
appear against the backdrop
of a village. Trees stand
inexplicably in bloom. Their branches
release the first dewdrops
of the morning.

5. Machine Die De Wereld Laat Draaien

Hoe harder ze draait, hoe mooier
de wereld wordt. Een blauwe planeet
die soms wat leven over haar randen morst.
Wolken van glas tikken dan tegen elkaar.

Steeds op hetzelfde ritme draait
deze machine naar de toekomst toe.
De tijd slorpt alle materie op.

Niets is zo breekbaar als de stilte,
zo licht van kleur en toch
zo zwaar om te dragen.

De zon en de maan dreigen
in hun eigen voetstappen weg te zinken.
De avondwolken zijn gemaakt van water
en kleurstof, zij lijken een aquarel.

De wereld werpt zijn schaduw af
die valt op niets.
Een leegte die verdwijnt.

5. A Machine That Makes the World Turn

The faster she spins, the more beautiful
the world becomes. A blue planet
that sometimes spills life over its edges.
Clouds of glass then tap against each other.

Always at the same rhythm, this machine
turns toward the future.
Time absorbs all matter.

Nothing is as fragile as silence,
so light in color, yet
so heavy to bear.

The sun and the moon threaten
to sink in their own footsteps.
The evening clouds are made of water
and dye, resembling watercolors.

The world casts its shadow
that falls on nothing.
A vanishing emptiness that disappears.

Ambiguïteit

Het huis zwijgt voortaan de hele nacht,
verzwijgt wat in zijn naam werd voltooid
met de tongval van de herfst in alle kamers.

Het bijziende blikveld van de ramen
roept om regen en wind, maar verzoekt
om een zondag vol Roomse eeuwigheid.

En het landschap dat veroudert, roest traag
in onze dromen en vlucht voor de mens met
zijn gescheurde schaduw, zijn dubbele tong.

Ambiguity

The house remains silent throughout the night,
concealing what was completed in its name
with the accent of autumn in every room.

The nearsighted field of vision from the windows
yearns for rain and wind, yet requests
a Sunday filled with Roman eternity.

And the aging landscape rusts slowly
in our dreams and eludes the humans with
their torn shadow, their double tongue.

De Onleesbare Jaren

Weer is hij druk in de weer
met de leegte, het afwezige,
het niets dat met stilte dreigt.

Daarom verdeelt hij het ogenblik
in tijdstippen die overeenkomen
met de logica van zijn gevoelens.

Al te vaak verspreekt de tijd zich
en plaatst het licht beschadigd
heel ver terug op een schoolbank

waar hij weder geluidloos kan dromen
van een verre onvolmaakte toekomst
waarin de jaren nog niet leesbaar zijn.

The Unreadable Years

Once again, he is busy at
the emptiness, the absence,
the nothingness that threatens with silence.

And so, he divides the moment
into intervals that correspond
with the logic of his emotions.

Too often, time misspeaks
and places the damaged light,
far back on a school bench

where he can once again dream silently
of a distant imperfect future
where the years are still unreadable.

Niets Is Altijd Onzichtbaar

De stilte weegt. Het zichtbare zucht.
Iemand laat het nu bij een ultimatum,
toont de hoogmoed van de leeuwerik,
stelt vast hoe zijn handen verwelken.

Een ander kijkt met blote ogen naar
het rare raadsel van bevroren water.
Overal om hem heen rust de as van
een verleden dat hoorbaar uitademt.

Zijn leven ligt al in de aanbieding.
Een beek kabbelt en knabbelt aan
haar oevers. Het gras giert van de pret
bij het afluisteren van de picknickers.

De liefde tolt twijfelend om haar as
en breekt af met een omfloerste snik.
Een smaldeel van witte wolken houdt
nog steeds elke schaduw in bedwang.

Nothing Is Always Invisible

The silence is hard to bear. The visible sighs.
Someone issues an ultimatum now,
displaying the pride of the lark,
observing how his hands wither.

Another looks with naked eyes at
the strange puzzle of frozen water.
All around him, the ashes of
a past audibly exhale.

His life is already a reduced item.
A stream murmurs, gnawing
at its banks. The grass roars with joy
while eavesdropping on the picnickers.

Love spins doubtfully on its axis
and breaks off with a muffled sob.
A squadron of white clouds still
holds every shadow in check.

JOHN DONNE

Hij aarzelt telkens om middernacht en wacht
maar blijft altijd blind geloven in het alfabet
en ook in het slenteren na de zondagsschool
waar hij langzaam aan proeft met veel ambitie.

Hij wordt zich nooit van een oeuvre bewust.
Maar God heeft behoefte aan zijn gedichten
en laat zijn hazewinden los, zij hijgen poëzie.
Zijn geloof is echter veranderlijk en wentelt.

Daarom volgen drie dagen van rouw.
Pas daarna onderneemt hij weer
zijn zoveelste zielsverhuizing.

JOHN DONNE

He hesitates every midnight and waits
but always blindly believes in the alphabet
and also in strolling after Sunday school
which he slowly tastes with much ambition.

He never becomes aware of a body of work.
But God needs his poems
and releases his greyhounds; they pant poetry.
His faith, however, is changeable and wavers.

Three days of mourning follow.
Only then does he embark again
on the umpteenth transmigration of his soul.

Jan Moritoen Verbetert Een Manuscript

Zeewier zit vervlochten in deze herinneringen.
Want Brugge ligt plots weer aan zee en pruilt
terwijl motregen schaamteloos de dagen kwelt.
Maar wie heeft hier weer met de tijd gespeeld?
Dit ouder worden was stilzwijgend inbegrepen
bij de berekening van deze jarenlange reis.

Mergrite, je bedelt om een zonsverduistering.
Je lijkt geritsel van een vogel tussen bladeren.
De zee is het grijze graf van onbekende vvissen.
Opnieuw verzamel ik haar vreemde organen.
Zij bespeelt het orgel van mijn verbeelding
en ziet hoe het kwik onder de zeespiegel
zoekt naar haar verdwenen spiegelbeeld.

Haar vochtige mond proeft aan mijn dorst,
mijn oerwetenschap, dit blinde weten van
een verlangen dat weer middeleeuws klinkt,
mi lanct na di, maar de kamer van de smart
is leeg, op deze lege stoel na, zo oud zo koud.
De liefde ontsluit de archipel van haar ogen,
beschrijft dan omstandig mijn aardrijkskunde.

Mijn vriend, zijn houten longen versplinterd,
zijn huid gescheurd door dromen, vol doornen,
groeide tot een sterrenbeeld in mijn firmament.
Ik tel de letters in de vraag *Waer bestu bleven?*
In zijn vuist wacht de tijd, nog onvoltooid.

Jan Moritoen Revises a Medieval Manuscript

Seaweed is intertwined in these memories.
Because Bruges suddenly lies by the sea again and pouts,
while drizzle shamelessly torments the days.
But who has played with time again here?
This aging was silently added
in the calculation of the journey of many years.

Marguerite, you're begging for a solar eclipse.
You seem like a bird rustling among the leaves.
The sea is the gray grave of unknown fish.
Once again, I gather her strange organs.
She plays the organ of my imagination
and sees beneath the sea level how mercury
searches for her vanished reflection.

Her moist mouth tastes my thirst,
my primal knowledge, this blind knowing of
a desire that craves to be medieval again,
mi lancet na di, but the room of sorrow
is empty, except for this vacant chair, so old and so cold.
Love unlocks the archipelago of her eyes,
then meticulously describes my geography.

My friend, his wooden lungs shattered,
his skin torn by dreams, full of thorns,
grew into the constellation of my heavens.
I count the letters in the question *Where have you stayed?*
His hand holds time, still unfinished.

Portret Van Gerrit Achterberg

De tijd herhaalt zich steeds weer in hem,
bewoont zijn dagen met rare symbolen
voor het ademloze ogenblik dat nu komt.

De vreemdeling in hem herkent zijn twijfels.
Met fluisterende handen nadert hij de vrouw,
aan haar verraden zij het klaterend geheim.

Een winter van vragen en illusies in het asiel.
In de verloren taal van de achteloze minnaar
blijft nog hoorbaar de nederlaag van de regen.

Hij lost op in haar verstomde ogen, sidderend
voor de vreemde wonde die haar lichaam heet.
Zijn schaduw lijkt sprekend een bidsprinkhaan.

Hij sleept woorden aan uit de fysica
om ze één voor één poëtisch te laden
tot een heel persoonlijk vocabularium.

Maar de dood haalt hem in
de auto voor zijn woning te Leusden.
God is rechtvaardig had hij nog graag

even willen getuigen in een gedicht.
Hij stond immers genadig toe
zich rijmend in de tijd te schrijven.

Nog steeds meet hij in versvoeten
de lengte van de eeuwigheid.

Portrait of Gerrit Achterberg

Time endlessly repeats itself within him,
occupying his days with strange symbols
for the breathless moment that now approaches.

The stranger in him recognizes his doubts.
With whispering hands, he approaches the woman,
revealing to her the splashing secret.

A winter of questions and illusions in the asylum.
In the lost language of careless love,
the defeat of the rain remains audible.

He dissolves in her surprised eyes, shuddering
before the strange wound that is her body.
His shadow resembles a praying mantis exactly.

He borrows words from physics
to poetically charge them one by one
into a personal vocabulary.

But death catches up with him
in the car in front of his home in Leusden.
He would have wanted to testify in a poem,

God is just.
After all, he graciously allowed himself
to write some rhymes breaking time.

Still, he measures in poetic feet
the length of eternity.

Variaties Op Een Vers Van M. Vasalis

Ik droomde, dat ik langzaam leefde…
zo zag ik allen om mij heen verouderen.
De tijd raakte hierbij telkens de tel kwijt
en bespaarde mij aldus iedere aftakeling.

Ik droomde, dat ik langzaam leefde…
Zoals Villon schreef ik aan een gedicht
over sneeuw van vroeger die verdween
en heel het landschap verbluft achterliet.

Ik droomde, dat ik langzaam leefde…
langzamer dan mijn rusteloze schaduw
die onophoudend rondom mij draaide
terwijl de zon heel snel op en neer ging.

Ik droomde, dat ik langzaam leefde…
Seizoenen duurden langer dan een jaar.
Je zoenen smaakten naar de maneschijn
die de kinderen pijnloos liet opschieten.

Variations on a Verse From M. Vasalis

I dreamed that I lived slowly...
watching everyone around my age.
Time kept losing track,
and thus spared me any decay.

I dreamed that I lived slowly...
like Villon, I penned a poem
about snow from the past that vanished,
leaving the entire landscape astonished.

I dreamed that I lived slowly...
slower than my restless shadow,
incessantly revolving around me,
while the sun swiftly rose and fell.

I dreamed that I lived slowly...
seasons lasted longer than a year.
Your kisses tasted like moonlight,
painlessly nurturing the growth of children.

Canto Voor Bert Schierbeek

Met een andere stem, geleend voor dit gedicht,
lees je deze lange endecha, dit treurdicht, voor
Bert Schierbeek, met een mond halfvol Spaans.
De stem heeft nu andere afmetingen gekregen en
de adem legt de langste versregels neer op de tong.
Maar de verfleden tijd zit voor altijd in ons verloren.

Op het eiland Ibiza ziet hij der eerste vage tekenen
van de fabel hoe het dier een mens heeft getekend.
Met de Manolito, een oud bootje met gasoliemotor,
vaart hij naar het zuiden, naar het eiland Formentera
waar hij een wit huis zal bouwen naast vijgenbomen.
Want de verleden tijd zit voor altijd in ons verloren.

In de ruime woning met de ouderwetse portiek
aan de Koninginneweg in Amsterdam-Zuid,
waar je twee maanden in de logeerkamer verblijft,
schiet hij vaak in een schurende lach die stolt,
waarna een lange stilte volgt, terwijl zijn gezicht
blijft lachen en de rimpels zich vermenigvuldigen.

Een verzamelaar van stemmen, en dus ook van woorden
die onophoudelijk gulzig stromen uit ontelbare monden
en een beeld opbouwen van de alles omvattende wereld
maar ook van die kleine borrelende wereld van het ik.
Zijn woorden bereiken nu eindelijk hun bestemming.
Doch de verleden tijd zit voor altijd in ons verloren.

Canto for Bert Schierbeek

In another voice, borrowed for this poem,
read this long *endecha*, this elegy, for
Bert Schierbeek, with a mouth half-filled with Spanish.
The voice has taken on different dimensions now, and
the breath lays the longest lines of verse on the tongue.
But the past tense is lost in us forever.

On the Island of Ibiza, he sees the first vague signs
of the fable about how an animal has drawn a human.
With the Manolito, an old boat with a diesel engine,
he sails south to the island of Formentera
where he will build a white house next to fig trees.
Because the past tense is lost in us forever.

In the spacious house with an old-fashioned porch
on Koninginneweg in Amsterdam-Zuid,
where you stay in the guest room for two months,
he often bursts into a loud laugh that freezes,
a long silence follows, while his face
continues to smile, and the wrinkles multiply.

A collector of voices, and also of words
which greedily flow from countless mouths
and construct a picture of the all-encompassing world
and also of that small bubbling world of the self.
His words finally reach their destination.
Yet the past tense is lost in us forever.

Het opdringerige wit op vele bladzijden komt overeen
met de relevante stilten in de muziek van John Cage.
Hier dringt de buitenwereld luid binnen in de tekst.
Zijn schrijven vormt een vuist vol gebeurtenissen.
Een brekende bamboestengel levert een Zen-ervaring op:
kijk, de verleden tijd zit voor altijd in ons verloren.

The intrusive white on many of the pages corresponds
to the relevant silences in the music of John Cage.
Here, the external world loudly invades the text.
His writing forms a fistful of events.
A breaking bamboo stalk provides a Zen experience:
look, the past tense is lost in us forever.

Roerloos Aan Zee

voor Jan Walravens

Dit werd ooit verteld, als waarheid voorgehouden,
over iemand die de werkelijkheid heeft verzonnen
en iets over een tijd die altijd de toekomst imiteert.

Alleen in de nacht kan de glimworm weer gloeien
en in het veelkleurig licht van de dag nog groeien
tot een rare maskerade van buitenlandse woorden.

Jaarlijks klinkt in de kerk een maagdelijk feest,
dan ronken al de orgelpijpen met een lieve lust
en de noodzakelijke engel komt er weer tot rust.

Hij zingt een melodrama, zinkt weg in de sneeuw
heel diep tot in het bevroren hart van een winter.
Rillend kijkt hij naar de wilde gebaren van de zee.

Een volmaakte vrouw zweeft er over de golven
terwijl de zee herhaaldelijk haar keel schraapt
en zeewier en schelpjes op het strand spuwt.

Een zeemeermin klimt op een erg rotsig eiland
en breekt hierbij haar glazen vingers. En toch
zwemt zij nog vrij ver en staart daar roerloos en

lang naar de bodem van de zee vol dode woorden.
Het eiland geeft haar een teken van verstandhouding.

MOTIONLESS BY THE SEA

for Jan Walravens

This was once told, presented as truth,
about someone who invented reality
and something about a time that always imitates the future.

Only at night can the glowworm glow again
and in the colorful light of day still grow
into a strange masquerade of foreign words.

Annually, in the church, a virginal feast resounds,
all the pipes hum with sweet pleasure
and the necessary angel finds rest once more.

He sings a melodrama, sinks into the snow
very deep, into the frozen heart of winter.
Shivering, he watches the wild gestures of the sea.

A perfect woman floats over the waves
while the sea repeatedly clears her throat
and spits seaweed and shells onto the beach.

A mermaid climbs onto an extremely rocky island
and breaks her glass fingers in the process. Yet
she swims quite far and gazes motionless and

longingly at the bottom of the sea full of dead words.
The island gives her a sign of understanding.

LAWRENCE DURRELL IN ALEXANDRIË

Deze stad is de bruid van de Middellandse Zee
waar dolende kinderen worden teruggevonden
maar hun schaduwen hebben veel te grote ogen.

Zwaluwen rusten op hoogspanningskabels
en vormen zo de eerste muzieknoten van
een oud oosters lied dat iedereen herkent.

Hier worden de dagen moeilijk wakker.
Zij staan opgesteld als in een week
met een gewijzigde volgorde, zonder
een wolk, maar met veel vrouwen die
donker lachen als nachtelijke passagiers.

Na elke overwinning denkt de veldheer:
Haar lichaam is een tuin, een lustprieel,
een warme serre waar vreemd fruit
in stilte rijpt en steeds zachter wordt
als haar borsten die zo heerlijk zingen
onder mijn welwillende houten handen.

Zij negeert hem en staart mistroostig
naar het walmen van verbrande boeken.

Is hij dan de beruchte stedenverdelger?

Nee, Clea. Dat was iemand anders.

Lawrence Durrell in Alexandria

This city is the bride of the Mediterranean Sea
where wandering children are found again
but their shadows have eyes that are far too big.

Swallows rest on high-voltage cables
and create the first musical notes of
an old Eastern song that everyone recognizes.

The days wake up with difficulty here.
They are arranged in a week
with the order changed, without
a cloud, but with many women
laughing darkly like nocturnal passengers.

After every victory, the field marshal thinks:
Her body is a garden, a pleasure pavilion,
a warm conservatory where strange fruit
ripens in silence and becomes increasingly softer
like her breasts that sing so beautifully
under my benevolent wooden hands.

She ignores him and stares somberly
at the wafting smoke of burned books.

Is he the infamous city destroyer?

No, Clea. That was someone else.

Hypatia Lang Geleden

In de woestijn razen nu geen auto's voorbij,
alleen tijdens een internationale rally wordt
het azuur doorzeefd en raakt het oog bevlekt.

Met haar Egyptische amandelogen leek Hypatia
in profiel op één van die vrouwen, geschilderd
op de muren in de grafkelder van een dode farao.

Zij vormde het enigma onder de stille geleerden
die in de bibliotheek van Alexandrië werkten
tot in 415, de tijd dat de Romeinen er heersten.

In de eindeloze zaal met de ontelbare nissen
waarin het epitaaf van de Helleense wereld
lag opgeborgen, van Spanje en Athene tot Indië,
boog zij zich over de dikke opengerolde boeken.

Meesteres in wiskunde, sterrenkunde en natuurkunde
was zij ook nog het hoofd van de neoplatonische
filosofische school, dacht als een zelfstandige vrouw,
een amfoor vol wetenschap en steevast een schandaal,
bewonderd door velen en gehaat door nog veel meer.
Wegens haar kennis werd zij als heiden beschouwd.

Fanatische christenen wachtten haar in de straat op,
sleurden haar van haar wagen, scheurden haar tunica,
schreeuwden en bekogelden haar met scherpe stenen
zo lang tot zij doof en dood op de rijweg bleef liggen.

Hypatia Long Ago

In the desert, cars do not rush by,
only during an international race
is the azure pierced and the eye stained.

With her Egyptian almond eyes, Hypatia looked
like one of those women in profile, painted
on the walls in the tomb of a dead pharaoh.

She was the enigma among the silent scholars
who worked in the Library of Alexandria
until 415, the time when the Romans ruled.

In the endless hall with the countless niches
where the epitaph of the Hellenic world
lay stored, from Spain and Athens to India,
she leaned over the thick, unrolled books.

Mistress of mathematics, astronomy, and physics,
she was also the head of the Neoplatonic
philosophical school, considered an independent woman,
an amphora full of science and always a scandal,
admired by many and hated by many more.
Because of her knowledge, she was considered a pagan.

Fanatical Christians waited for her in the street,
dragged her from her carriage, tore her tunic,
shouted and pelted her with sharp stones
until she lay deaf and dead on the road.

De jaren flikkerden jarenlang in de verte van de tijd.
Twee eeuwen later veroverden de Arabieren de stad
en staken met heilig vuur de bibliotheek in brand
want geleerde boeken waren in strijd met de koran
en als ze dat niet waren, dan waren ze toch overbodig.

The years flickered in the distance of time.
Two centuries later, the Arabs conquered the city
and set fire to the library with holy fire
because scholarly books were in conflict with the Quran
and if they weren't, they were still considered unnecessary.

De Tuinen Van Aranjuez

In de tuinen van Aranjuez
aangelegd door Nederlanders
die de koning wilden behoeden
voor het stof van midden Spanje

In de tuinen van Aranjuez
bij het borstbeeld van Joaquin Rodrigo
klinkt een gitaar, landt een Vlaamse gaai
zonder een kreet, zonder waarschuwing

In de tuinen van Aranjuez
legt de zon om vijf uur in de middag
een zilveren hand op de rivier de Taag.
Een salamander maakt er aantekeningen.

In de tuinen van Aranjuez
herleest de koning het handschrift
van zijn decreet dat strikt bepaalt
Waar de zon nooit meer mag ondergaan.

THE GARDENS OF ARANJUEZ

In the gardens of Aranjuez
constructed by the Dutch
the king is protected
from the dust of central Spain.

In the gardens of Aranjuez
at the bust of Joaquin Rodrigo
a guitar sounds, a Flemish Jay lands
without a cry, without warning.

In the gardens of Aranjuez,
at five o'clock in the afternoon,
the sun lays a silver hand on the Tagus River.
A salamander takes notes there.

In the gardens of Aranjuez
the king re-reads the manuscript
of his decree that strictly stipulates
where the sun may never set again.

Bijna Als In Een Grieks Drama

Het theater van het alledaagse
staat in brand en knettert van spijt.

Zuchtend en verslaafd aan troost
staat Sappho bij de altaren met wierook,
ziet de dageraad met gouden sandalen
en een tafereel met vijf personages
die overgeleverd aan het vergeten
alleen de toekomst kunnen bezingen.

Dit is het eerste stasimon.
Wij horen het, wij horen erbij, hoor
dit droevig blaten van de gelovigen.

Het metabolisme van het heilige
weerklinkt in het dagelijkse wonder
met de geschiedenis als erfenis
met de zonnestralen als steunpilaren
en met het zachte kermen van een dier.

En weer klinkt daar het koor.
Wij horen het, wij horen erbij, hoor
dit droevig blaten van de gelovigen.

Niets is zo mooi als deze stem
met het overbodige ademhalen
met het tintelende zwijgen.

ALMOST LIKE A GREEK DRAMA

The theater of the everyday
is ablaze and crackling with regret.

Sighing and addicted to solace,
Sappho stands by the altars with incense
in golden sandals, watches the dawn
and a scene with five characters
who, consigned to forgetting,
can only sing about the future.

This is the first stasimon.
We hear it, we belong, hear
this sad sound of the faithful.

The metabolism of the sacred
resounds in the everyday miracle
with the heritage of history
with the sun's rays supporting pillars
and with the soft moaning of an animal.

And again, the chorus resounds.
We hear it, we belong, hear
this sad sound of the faithful.

Nothing is as beautiful as this voice
with the unnecessary breathing
with the tingling silence.

Een frisse duik in woorden wordt dit.
Dit volmaakte jagen op adjectieven
in een kalender waarin de maanden
buitenlandse vrouwennamen dragen.

De onrust is weer op handen.
Maar de onrust heet voortaan
goede morgen.

This will be a refreshing dive into words.
The perfect pursuit of adjectives
in a calendar where the months
bear foreign women's names.

Unrest is again imminent.
But the unrest is now named
good morning.

De Eiken Van Dodona

De ruisende bladeren zitten vol
verhalen. Het orakel luistert ernaar
en vertaalt alles wat nog komen moet.

Zoals altijd blijft zij druk in de weer
met diep ademhalen, want zuurstof
blijft voor haar het onbegrepen deel

van de doorzichtig geworden lucht.
Natuurlijk zegt zij dan natuurlijk
zijn alle dingen met elkaar verbonden.

Spelenderwijs blijft een mens over
allerlei gebeurtenissen nadenken.
En zij denkt: De tijd is voortvluchtig.

Of nog: Elk ogenblik ontsnapt ons weer.
Zij kijkt verbaasd naar haar linkerhand.
Het spiegelbeeld van haar rechterhand.

The Oaks of Dodona

The rusting leaves are full
of stories. The oracle listens to them
and translates everything that is yet to come.

As always, she remains busy,
breathing deeply, because oxygen
remains the misunderstood part of her

of the invisible air.
"Of course," she says, "naturally,
all things are connected."

Playfully, one person continues
to ponder all sorts of events.
And she thinks: Time is fleeting.

Or perhaps: Every moment escapes us again.
She looks surprised at her left hand.
The mirror image of her right.

DE LUCHTBELLEN VAN POSEIDON

De zeegod die ons toespreekt erkent dit.
Wij hebben niets aan zijn voorspellingen.
En hij laat zijn ziel in ons verhuizen
terwijl zijn handschrift beeft op het water.

Hier zwemt nog ergens de witte walvis
die alleen het plankton van de literatuur eet
maar wie door de realiteit snorkelt, schrikt op
want oorlog woekert in de tuin van Oekraine.

Een wij wachten op het reutelen van de avond,
dan hebben wij recht op een stukje van de zee,
een schelp, een zeester, een hoopje droge algen
of een aangespoelde drietand die heel oud lijkt.

THE AIR BUBBLES OF POSEIDON

The sea god who addresses us acknowledges this.
We have nothing to gain from his predictions.
And he lets his soul move into us
while his handwriting trembles on the water.

Somewhere the white whale still swims
eating only the plankton of literature
but anyone who snorkels through reality is shocked
for war rages in the garden of Ukraine.

And we wait for the evening's murmurs,
then we have the right to a piece of the sea,
a shell, a starfish, a pile of dry algae
or a very old, washed-up trident.

Elke Lente Ontstaan Nieuwe Kleuren

Nothing is so beautiful as Spring
Gerard Manley Hopkins

Waarom valt het zo moeilijk nog te spreken nu
over de geoliede taal van zwarte mannequins
even ondenkbaar als een blauw filmscenario
of de verpulverde beeldspraak van eergisteren.

Ondanks alle gemeenplaatsen in de liefde
lijkt al dit zwartgallig hanteren van de taal
op een zilveren visioen van uitgeput leven
zoals dode vissen drijvend op levend water.

Een gerucht is slechts bezinksel van roddel
met een snelle terugblik op de laatste repliek
en het weigeren van de geschreven woorden
die minder overtuigen dan al de lentekleuren.

De roep naar traditie doet de keel zwellen.
Toch blijft de zomer het duurste jaargetijde.
Dit is typisch voor het hedendaagse zwijgen,
smeulende woorden doven uit in haar mond.

Every Spring, New Colors Emerge

Nothing is so beautiful as Spring
Gerard Manley Hopkins

Why is it so difficult to speak now
about the oily language of black mannequins
as unthinkable as a blue movie scenario
or the pulverized imagery of the day before yesterday.

Despite all the clichés of love,
all this melancholy use of language
seems like a gilded vision of an exhausted life
like a dead fish floating on living water.

A rumor is just the sediment of gossip
with a quick glance back at the last response,
refusing the written words
which are less convincing than all the colors of spring.

The call of tradition makes the throat swell.
Yet, summer remains the most expensive season.
This is typical of contemporary silence,
smoldering words extinguished in her mouth.

STRAATBEELD

Hij stapt door de straat als door een spiegel.
Om hem heen valt de werkelijkheid aan diggelen.
Hij bijt in een appel en ook pijnlijk op zijn tong.

Op het voetpad lijkt een viltje op een muntstuk.
Hij schopt er tegen maar het blijft vastkleven.
In de verte hoort hij een onweer rommelen.

Zijn hand zwaait naar iemand aan de overkant.
Uit een raam klinkt een fragment uit Peer Gynt.
Kinderen zijn hier breekbaar, onaanvaardbaar.

Op een dakrand ziet hij een vergulde engel staan.
Wat was toch weer de naam van de aartsengel?
Hij hoest even kort en dan weet hij het weer.

Street View

He walks through the street as through a mirror.
Reality shatters into pieces around him.
He bites into an apple and painfully his tongue.

On the sidewalk, a coaster looks like a coin.
He kicks it, but it remains stuck.
He hears thunder rumbling in the distance.

His hand waves to someone across the street.
From a window, a fragment of Peer Gynt can be heard.
Children here are fragile, unacceptable.

He sees a gilded angel standing on a rooftop.
What was the name again of the archangel?
He coughs briefly, and then remembers again.

Nu Is Reeds Voorbij

De tijd komt maar niet tot bedaren.
De eeuwigheid brokkelt zienderogen af.

Zij noemt alle dieren bij hun voornaam.
Hun wensen legt ze bevrucht in de velden.

Maar alles wat ze ooit voor gezien hield
is ongemerkt verdwenen, zonder opzien.

Want de tijd zit boordevol herinneringen
en ontsnapt voortdurend aan het moment.

Reeds oud is de dag die verschrompelt
in het geritsel van verkleurende bladeren.

Ze herhaalt alle variaties op ongezien weggaan.
De taal droomt hiervan, de woorden ontbreken.

Ze kruipt tot in een hoek van de verbeelding.
Een lichte rimpeling loopt heel de muur langs.

Now Has Already Passed

Time just won't simmer down.
Eternity is visibly crumbling.

She calls all the animals by their first name.
She lays their wishes in the fields, fertilized.

But everything she once considered obvious
has disappeared unnoticed, without a stir.

Because time is brimming with memories
and constantly escapes the moment.

The day is already old, withering away
in the rustling of discolored leaves.

She repeats all variations of leaving unseen.
The language dreams but the words are lacking.

She crawls into a corner of the imagination.
A slight ripple runs along the entire wall.

Vestaals Vuur

Dit is genoeg voor vandaag,
zegt één van de zes.

Soms zegt zij heel andere dingen
bijvoorbeeld:
De gecompliceerdheid van de hartstocht
heeft het gezicht van een gletsjer.

Zij geeft het allemaal grif toe.
De moeilijkste dag tart elk gemis
en telt vele en lange delicate uren.

Nu de zon dodelijk zingt, bekent zij alles:
zij geeft niet om haar spelende schaduw.

Zij verstopt haar uitdovende stem
in een wolfsklauw dat zij zeer rustig
laat verwelken in een infrarode kamer,
slechts zichtbaar voor een geoefend oog.

En soms, in het nauw gedreven,
verlangt zij naar de onvolmaaktheid.

Vestal Fire

This is enough for today,
says one of the six.

Sometimes she says very different things,
for example:
The complexity of passion
has the face of a glacier.

She admits it all readily.
The hardest day defies every loss
and counts many long, delicate hours.

Now that the sun sings deadly, she confesses everything:
She doesn't care about her playful shadow.

She hides her fading voice
in a wolfsbane that she quietly
lets wither in a heated chamber,
only visible to a trained eye.

And sometimes, cornered,
she longs for imperfection.

Een Onthutsend Levensrelaas

Hij begeeft zich tot halverwege de goden.
De maan bekijkt hem zonder belangstelling.
Opeens vlucht een landschap weg: de dieren
keren voortaan blij, gerustgesteld huiswaarts.

En opnieuw verdwijnt zienderogen een seizoen.
Alleen de onrust blijft aan zijn mouw trekken.
Een of ander dier roept zijn naam in de moestuin.
Later wast de regen de uiteengevallen letters weg.

In een getekende morgen staan de uren nog leeg,
leeg zoals de ogen van iemand die pas is ontwaakt.
Dan hoort hij voor het eerst de stem van de moeder
en voelt de beklemming van de mannelijke dagen.

An Astounding Account of Life

He ascends halfway to the gods.
The moon watches without concern.
Suddenly, the landscape disappears: the animals
return home happily, reassured.

And once again, a season vanishes before our eyes.
There is a restlessness that tugs at his sleeve.
Some animal is calling his name in the vegetable garden.
Later, the scattered letters are washed away by the rain.

In a morning etched by time, the hours are still empty,
empty like the eyes of someone who just woke up.
Then he hears the voice of his mother for the first time
and feels the oppression of the masculine days.

NATURALISME

De lucht staat vol met vogels.
In een weide liggen zes koeien.
Zo'n uitzicht is oogverblindend

en lijkt bovendien zelfs een beetje op
de uitvinding van de werkelijkheid
waarna alles stilaan betekenis krijgt
en meteen in taal wordt vastgelegd.

Toch laat iemand alle waarnemingen
voor wat ze zijn: Luchtspiegelingen
van woorden die ongeschreven bleven.

De landmeter meet zwijgend de lengte,
daarna ook de breedte van elke akker.
Hij doet dit rustig in lengte van dagen
al verbleekt zijn nagebootste schaduw.

De tijd heeft de tijd, denkt hij en
hij proeft even van het ogenblik.

NATURALISM

The sky is full of birds.
Six cows lie in a meadow.
A dazzling view

and even resembles
the invention of reality
when everything gradually gains meaning
and is immediately recorded in language.

Yet someone leaves all the observations
for what they are: Mirages
of words that remain unwritten.

The surveyor silently measures the length,
and then the width of each field.
He does this quietly day in and day out,
though his shadow fades.

"Time has time," he thinks, and
for a while, he savors the moment.

Interpretaties Van Wit

Iemand vertelt trots hoe hij Rilke las.
Het leek op een gesprek met een engel.
Maar zijn vleugelslag laat wonden achter.

Een dichter gevangen in een druppel licht
raakt sprakeloos het gezicht van de stad aan.

In zijn woorden worden de kringen weerkaatst
om de lantaarnpalen in het centrum van Praag.

De Moldau zingt met de stem van Smetana.
Breedvoerig worden hier de nachten verteld.

Drie blinde dochters zwemmen in het donker.
Hun beeldspraak eindigt in zwart gebrabbel.

In de ochtend wordt hun woede stilaan wit.
Het wit dat steeds aan sneeuw doet denken,
ja zelfs in deze lente die nog pril is in april.

Interpretations of White

Someone proudly recounts how he read Rilke.
It seemed like a conversation with an angel.
But the beating of his wings caused injury.

A poet captured in a drop of light
speechlessly touches the face of the city.

The circles are reflected in his words
around the lamp posts in the center of Prague.

The Moldau sings with Smetana's voice.
Nights are told in great details here.

Three blind daughters swim in the dark.
Their imagery ends in black gibberish.

In the morning, their anger gradually turns white.
The white that will always remind us of snow,
even in this spring, quite early in April.

REFERENTIES

De weerschijn van het verdronken land
raakt nu reeds zijn historische mond,
zijn ogen die al de kleuren voorspellen

zelfs als de regen zich plots bedenkt.
Glanzend draven nu overal paarden
van smaragd, in perspectief gebracht

door dit diffuus licht en fluisterend
hangen de roze franjes van de illusie
over de oude cultuur van het verleden.

Hier hoort men de adem van de aarde,
daarboven zingt de goddelijke triptiek.
De mensen dragen gelaten hun masker

en verbergen hun dagelijkse dagdromen.
Schemering en een wispelturige windvlaag
wissen alle mogelijke betekenissen uit.

REFERENCES

The reflection of the drowned land
already touches his historical mouth,
his eyes predict all the colors

even if the rain suddenly changes its mind.
Now everywhere gleaming emerald horses
trot, put into perspective

through this diffused light and whispers
the pink fringes of illusion hang
over the old culture of the past.

The breath of the earth is heard here,
above, the divine triptych sings.
Resigned, the people wear their masks

and hide their daily daydreams.
Twilight and a mercurial gust of wind
erase all possible meanings.

De Dag Dat Ikaros In Onze Tuin Neerstortte

Toen waren er al de alledaagse dingen,
met het wrakhout van de voorbije jaren,
het zonlicht achter de gesloten gordijnen
en iemand die luisterde naar de geliefde.

Vreemd waren de geluiden van de schrijvers,
deze herders van de woorden, hun gezwijmel
tijdens het vertederend voorlezen, dat opviel
tussen al die vele lichte nuances van blauw.

En dan was er ook nog het dubbelzinnige
van een dag die maar eindeloos bleef duren,
zoals de oude mythe van de hoogmoed,
zoals de stilte van stilstaande water.

The Day That Icarus Crashed Into Our Garden

Then there were already all the everyday things,
with the wreckage of past years,
the sunlight behind the closed curtains
and someone who listened to the beloved.

Strange were the sounds of the writers,
these shepherds of words, creating a reverie
as they read aloud, creating a contrast
among all those shades of blue.

And then there was also the ambiguity
of a day that just went on endlessly,
like the old myth of hubris,
like the silence of still waters.

Het Hemelblauw Van Hölderlin

In het lieftallige blauw, schrijft Hölderlin
en hij denkt aan zijn geliefd Griekenland
met zijn mythen en goden op de Olympos
en aan de witte huizen bij de blauwe zee.

Stilte wordt hem elke avond toevertrouwd.
Hij koestert haar het liefst met een kunstgreep,
in een verlaten stadscentrum, het onbestemde
klem in de vertraagde tredmolen van de dagen.

Ergens laait een onverklaarbaar licht op.
Al de gebeurtenissen blijken verzonnen,
alles door elkaar dwarrelend, kortstondig,
in deze fel glinsterende witte morgen.

En dan wijzigt iemand stiekem de dag.
De nacht dwingt de dag langer te duren.
Blauw heeft al de andere kleuren verjaagd.
Hij zegt: de tijd was hier altijd afwezig.

De grammatica springt uit de taal.

Het vocabularium vloeit weg.

Er zijn geen woorden meer.

HÖLDERLIN BLUE SKY

In Lovely Blue, Hölderlin writes,
remembering his beloved Greece,
the myths and gods on Olympus,
and the white houses by the blue sea.

Silence is entrusted to him every evening.
He prefers to cherish it by maneuvers
in an abandoned city center, the undefinable
stuck in the slowed treadmill of days.

Somewhere, an inexplicable light ignites.
All the events turn out to be fabricated,
on this brightly glittering white morning
everything swirls together for a short moment.

And then someone secretly changes the day.
The night demands that the day lengthen.
Blue has chased all the other colors away.
He says: time was always absent here.

The grammar jumps out of language.

The vocabulary flows away.

There are no words anymore.

Afterword

Willem M. Roggeman is a Flemish poet, novelist, essayist, playwright, and art critic whose work holds a distinctive and enduring place in postwar Belgian literature. His poetry is guided by a sustained attentiveness to beauty, expressed through precise, highly visual language. Across more than six decades of writing, Roggeman has explored the intersections of literature, philosophy, music, and the visual arts, creating a body of work deeply anchored in thought and feeling.

Roggeman's literary career began in 1959 as an editor at Het Laatste Nieuws, then the largest Flemish newspaper. His engagement with the arts soon extended beyond journalism. He later served as a curator of exhibitions and was appointed by the Belgian Minister of Culture as Deputy Director of the Flemish Cultural Center in Amsterdam. These roles placed him at the crossroads of artistic and cultural exchange between Flanders and the Netherlands, helping shape a lifelong conversation between criticism and creation that continues to inform his poetry.

At the heart of Roggeman's work is the making of images. As the Flemish poet, artist, and critic Paul De Vree once observed, Roggeman is "a painter with words." His long career as an art critic and his close relationships with visual artists are inseparable from his poetic practice. His poems are built through line, perspective, and movement, asking the reader to look slowly and attentively.

Two main themes dominate the entire scope of Willem M. Roggeman's writings. He is convinced that it is impossible to truly know reality. His writing shows that we never seem to get beyond a subjective interpretation that, over time, proves to be incorrect or incomplete and needs revision. The doubt of everything, formulated by the French philosopher René Descartes, is a foundational element of Roggeman's perspective.

A second recurring concern is time itself. Roggeman's poetry returns again and again to time's elusiveness, how it always seems to slip, fold, and resist measurement. In this regard, his sensibility aligns closely with Henri Bergson's thinking, particularly his understanding of time as lived duration rather than a linear sequence.

The constant theme is the poet's love for the visual arts. This was especially evident in *What Only Painters See* (2023), a collection shaped by decades of collaboration with artists such as Pol Mara, Fred Bervoets, Paul Van Gysegem, Jan Cox, Maurice Wyckaert, and Jan Burssens. The present volume continues that dialogue, focusing on the work of sculptor Paul Van Gysegem.

The Day That Icarus Crashed Into Our Garden explores the artistic kinship between Roggeman, based in Brussels, and Van Gysegem, based in Ghent. Both share a passion for progressive jazz: Van Gysegem as a bass player in his own free jazz ensemble, and Roggeman as the author of Blue Notebook (2006), a collection of jazz-inspired poems. Both also draw recurring inspiration from ancient Greek mythology, using it as a living framework for thinking about risk, fallibility, and transformation.

The title of this collection is drawn from Van Gysegem's sculpture *The Fall of Icarus*, a theme he has explored in multiple works and materials. These sculptures appear in public squares and parks throughout several Flemish municipalities; one such work, referenced in this collection, stands on Ghent's Marie Hendrikaplein.

One of the long poems, *Fragments of Paul Van Gysegem,* honors both the sculptor and the sculpture, showcasing the unique poetic insight that Roggeman contributes to our understanding. This perspective encourages us to re-imagine, re-envision, and reconsider what is overlooked at first glance.

Willem M. Roggeman & Philippe Ernewein at De Zwarte Panter,
Antwerp, Belgium, in front of Fred Bervoets mural, June 2023

WILLEM MAURITS ROGGEMAN is a Flemish poet, novelist, essayist, playwright, and art critic. His poetry has been widely translated, and he is a regular guest at international poetry festivals. He has also published four novels, several collections of articles on artists, and highly regarded interviews with writers. He has received several literary prizes in many countries, including the Netherlands, Belgium, Italy, and Lithuania.

PHILIPPE ERNEWEIN is a native of Turnhout, Belgium. He is the Director of Education at the Denver Academy in Denver, Colorado, USA. This is Philippe's second book of translations of Mr. Roggeman's poetry. Philippe's published work can be found at www.rememberit.org.